Garfield

ALBUM GARFIELD

PRESSES AVENTURE

Publié par **Presses Aventure,** une division de
Les Publications Modus Vivendi inc.
55, rue Jean-Talon Ouest, 2e étage
Montréal (Québec)
Canada
H2R 2W8

Infographie : Modus Vivendi
Version française : Marc Alain

Dépôt légal – Bibliothèque et Archives nationales du Québec, 2008
Dépôt légal – Bibliothèque et Archives Canada, 2008

ISBN-13 : 978-2-89543-864-9

Nous reconnaissons le soutien financier du gouvernement du Canada par l'entremise
du Programme d'aide au développement de l'industrie de l'édition (PADIÉ) pour nos
activités d'édition.

Gouvernement du Québec – Programme de crédit d'impôt pour l'édition de livres –
Gestion SODEC

Imprimé en Chine

GARFIELD, NOUS DEVONS RENONCER À REGARDER LA TÉLÉ TOUTE LA NUIT

1-24

BIEN SÛR, HIER FAISAIT EXCEPTION

QUI SE SERAIT COUCHÉ AVANT LA FIN DU FESTIVAL JOAN COLLINS?

JIM DAVIS

BANG! BANG! EEEK!

1-25

SMACK!

C'EST BON, C'EST BON. JE CHANGE DE POSTE

JE SUIS CONTRE LA VIOLENCE

JIM DAVIS

VOYONS VOIR : DE L'IODE, DES PANSEMENTS, DE LA GAZE, UNE MINI-CAMISOLE DE FORCE, UN CASQUE PROTECTEUR, DU SHAMPOOING, DES GANTS, DU REVITALISANT, UN SÈCHE-CHE-VEUX, UN COUP-DE-POING AMÉRICAIN, DES SERVIETTES, DE LA CORDE, DES GENOUILLÈRES,

JIM DAVIS

LE BAIN DE GARFIELD?

LE BAIN DE GARFIELD

JE PARIE QUE TU ES IMPATIENT DE SAVOIR QUELLE PÂTÉE TU AURAS AU DÎNER

JE PARIE LE CONTRAIRE

© 1979 PAWS, INC. All Rights Reserved.

LA VOICI !

LE SUSPENSE EST INTENABLE

2·2

DU FOIE !

HIP HIP HOURRA ! APPLAUDISSE-MENTS ET CRIS DE JOIE

JIM DAVIS

JE N'IRAIS PAS JUSQU'À DIRE QUE TU ES GROS

2·3

MAIS LORSQUE TU PRENDS PLACE SUR LE CANAPÉ, TU PRENDS TOUTE LA PLACE SUR LE CANAPÉ

FACE, IL VIT; PILE, IL MEURT

KICK!

JIM DAVIS

© 1979 PAWS, INC. All Rights Reserved.

TENTONS DE FAIRE DU JOGGING

© 1979 PAWS, INC. All Rights Reserved.

2-5

ALLEZ PAPATTES ! AVANCEZ !

HUM ! DISONS QUE LES PETITES NE SONT PAS D'HUMEUR

JIM DAVIS

IL CHERCHE À ME DIRE DE METTRE LE CHAUFFAGE

JIM DAVIS © 1979 PAWS, INC. All Rights Reserved.

GARFIELD, J'AI CACHÉ UNE GÂTERIE POUR CHATONS, DEVINE OÙ

JIM DAVIS

2-10

© 1979 PAWS, INC. All Rights Reserved.

CE N'ÉTAIT PEUT ÊTRE PAS UNE QUESTION À LUI POSER

MUNCH MUNCH MUNCH

JE DÉTESTE QUAND LE SOL EST FROID LE MATIN

JIM DAVIS 2-12

PERSONNE N'AIME UN SOL FROID

© 1979 PAWS, INC. All Rights Reserved.

MAIS NOUS, CHATS, DEVONS Y POSER QUATRE PIEDS ET NON DEUX

SCRUB
SCRUB
SCRUB
SCRUB

2-18   JIM DAVIS

CLICK!

ICI, GARFIELD !

IL FAIT SOUS ZÉRO DEHORS

KABOING
KABOING
KABOING

© 1979 PAWS, INC. All Rights Reserved.

PURRR

GARFIELD

BAT
BAT

ROWR!
FFFT!

SCRATCH!
SCRATCH!
SCRATCH!

2-25

CEUX QUI AIMENT
LES CHATS DEVRAIENT
ÊTRE REPUS PENDANT
QUELQUE TEMPS

JIM DAVIS

SOIS DÉLICAT AVEC CETTE HORLOGE, GARFIELD, C'EST UN TRÉSOR DE FAMILLE

CRASH!

© 1979 PAWS, INC. All Rights Reserved.

UNE CHIQUENAUDE POUR LE CHAT, UN BOND DE GÉANT POUR LE BON GOÛT

JIM DAVIS   3-2

OÙ ÉTAIS-TU, GARFIELD ? VOILÀ UNE HEURE QUE TA PÂTÉE EST SERVIE

OH OH !

JIM DAVIS   © 1979 PAWS, INC. All Rights Reserved.

GARFIELD

KLUNK!

QUAND LA PÂTÉE EST FIGÉE, IL EST TROP TARD POUR LA MANGER

3-3

ZZZZ   YAWN

© 1979 PAWS, INC. All Rights Reserved.   3-5

ZZZZZ

JIM DAVIS

QUELLE MANIÈRE DE COMMENCER LA SEMAINE !

GARFIELD

TIENS ? LA TABLE À DESSINER DE JON, DU PAPIER ET DE L'ENCRE

SELON MOI, IL FERAIT BON VIVRE SUR TERRE SI : LES GOUVERNEMENTS PARVENAIENT À RÉSOUDRE LES CONFLITS SANS FAIRE APPEL AUX ARMES ; SI CHACUN SOURIAIT AUX ÉTRANGERS ;

SI NUL NE DEVAIT VOLER ; SI TOUS RIAIENT DAVANTAGE ; SI CHACUN NOURRISSAIT SON CHAT DE LASAGNE À VOLONTÉ ; SI NOUS TIRIONS DAVANTAGE DE FIERTÉ DE NOS MAISONS ET DE NOS ARRONDISSEMENTS ;

SI NOUS RESPECTIONS DAVANTAGE LES PERSONNES ÂGÉES ; S'IL N'Y AVAIT PLUS DE VIOLENCE À LA TÉLÉ ET AU CINÉMA ; SI TOUS SAVAIENT LIRE ET ÉCRIRE ; SI LE FAMILLES DIALOGUAIENT DAVANTAGE ;

3-18

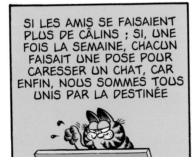

SI LES AMIS SE FAISAIENT PLUS DE CÂLINS ; SI, UNE FOIS LA SEMAINE, CHACUN FAISAIT UNE POSE POUR CARESSER UN CHAT, CAR ENFIN, NOUS SOMMES TOUS UNIS PAR LA DESTINÉE

HÉ, GARFIELD

QU'EST-CE QUE C'EST ?

BOF, SIMPLEMENT MES EMPREINTES DIGITALES

JIM DAVIS

PAT
PAT
PAT
PAT

VOUS N'AVEZ RIEN VU

3-17

JIM DAVIS

GARFIELD, CETTE SEMAINE JE VAIS T'ENSEIGNER QUELQUES TRUCS

JAMAIS EN CENT ANS

3-19

CHANTE POUR MOI, GARFIELD

MROWR!

TRÈS BIEN !

IL Y AVAIT UNE ARÊTE DANS MA PÂTÉE AU THON

JIM DAVIS

GARFIELD, VA CHERCHER MA PIPE, MON JOURNAL ET MES PANTOUFLES

OUI MONSIEUR, TOUT DE SUITE MONSIEUR

JIM DAVIS

OÙ EST-IL PASSÉ ?

GARFIELD!

D'ACCORD, C'EST BON ! AUSSITÔT QUE J'EN AI TERMINÉ DE LA SECTION FINANCIÈRE

3-20

GARFIELD

3-25 © 1979 PAWS, INC. All Rights Reserved.

OUF !

EUH HUM

GARFIELD

AVEZ-VOUS PARFOIS L'IMPRESSION D'AVOIR TOUT DORMI TOUT MANGÉ ?

JIM DAVIS

GARFIELD, FAIS UNE ROULADE

DIS, TU PLAISANTES ?

SI TU FAIS UNE ROULADE, JE TE DONNE UNE DOUBLE RATION DE LASAGNE

WHIRRRRRRR!

PARLE GARFIELD ! PARLE !

D'ACCORD JON ! Y A-T-IL UN SUJET PARTICULIER DONT TU VOUDRAIS QUE JE T'ENTRETIENNE ?

B-B-B-B-B

ASSIEDS-TOI ET FAIT LE BEAU POUR MÉRITER TA CROQUETTE

VOICI MON OFFRE : TU ME LAISSES LA CROQUETTE ET JE TE LAISSE TES YEUX

J'ÉTAIS CONVAINCU DE PARVENIR À UN COMPROMIS ACCEPTABLE POUR L'UN ET L'AUTRE

LE VENGEUR VOLANT S'EN VA DE CE PAS COMBATTRE LE MAL.

3-31

LE VENGEUR VOLANT S'EN VIENT DE CE PAS ANNONCER SA RETRAITE PRÉMATURÉE

JIM DAVIS   © 1979 PAWS, INC. All Rights Reserved.

GARFIELD, SAVAIS-TU QU'EN GÉNÉRAL LES CHATS MUENT À LA SAISON CHAUDE ?

4-2   © 1979 PAWS, INC. All Rights Reserved.

FUMP!

CE DOIT ÊTRE LE PRINTEMPS

JIM DAVIS

VOICI LE PRINTEMPS

LES CHAUDS RAYONS DU SOLEIL INCITERONT LES ARBRES À BOURGEONNER ET LES FLEURS À S'ÉPANOUIR. LES MERLES NOUS BERCERONT DE LEURS VOIX FLÛTÉES ET LE ZÉPHYR PORTERA AU LOIN LE PARFUM DU LILAS. LE PRINTEMPS EST ARRIVÉ

© 1979 PAWS, INC. All Rights Reserved.

LA BELLE AFFAIRE !

4-3   JIM DAVIS

CLICK

JE VAIS FIXER CE GRILLE-PAIN JUS-QU'À CE QUE LES RÔTIES REMONTENT

PLUS ON DÉSIRE UNE CHOSE, PLUS ELLE SE FAIT ATTENDRE

HUH?

POP

TU VOIS?

ZUT ZUT ET REZUT !

JIM DAVIS

4-8

AH, LE PRINTEMPS! LA SAISON OÙ LE COEUR D'UN JEUNE HOMME SONGE À L'AMOUR

4-7

ET OÙ LES EMPLOYÉS DE LA VOIRIE REPEIGNENT LES BORNES-FONTAINES AVEC DE LA PEINTURE ANTIROUILLE

JIM DAVIS

4-9

ENLÈVE-TOI DE LÀ, GARFIELD. JE VEUX REGARDER LA TÉLÉ

JIM DAVIS

JE SUIS D'UNE HUMEUR DE CHIEN

♪ BONJOUR GARFIELD ♫

4-10

POKE!

S'IL EST UNE CHOSE QU'UN DÉPRESSIF NE VEUT PAS, C'EST D'UNE PERSONNE ENJOUÉE À SES CÔTÉS

JIM DAVIS

JE NE POURRAIS PAS SUPPORTER L'AMOUR À PLUS FORTE DOSE

ARF! ARF! ARF!

TRISTE

YIP!

© 1979 PAWS, INC. All Rights Reserved.

JIM DAVIS

VAS-Y GARFIELD !

SQUEAK!

4-19

ATTRAPE-LA !

SQUEAK!

© 1979 PAWS, INC. All Rights Reserved.

CINQ MINUTES DE PAUSE, L'AMI, APRÈS QUOI ON REFAIT LE MÊME NUMÉRO

PUFF PUFF

HEE HEE

4-20

HA! HA! HA! HA!

PÔVRE LYMAN !

IL RIRAIT MOINS S'IL SAVAIT QU'ODIE VIENT DE BOIRE À LA CUVETTE

© 1979 PAWS, INC. All Rights Reserved.

JIM DAVIS

GROWL

LE CHAT A UNE IRRÉ-SISTIBLE ENVIE DE VIANDE FRAÎCHE

4-29

LE CHAT PERÇOIT UNE PROIE SANS MÉFIANCE À QUELQUES PAS

© 1979 PAWS, INC. All Rights Reserved.

JIM DAVIS

TEL UN RESSORT, IL S'APPRÊTE À BONDIR

SES MUSCLES D'ACIER LE PROPULSENT VERS SA PROIE SANS DÉFENSE

DE NOUVEAU, L'INSTINCT FÉLIN A ASSURÉ SA SUBSISTANCE

PURRRR

PURRR

5-6

SCRATCH!
SCRATCH!
SCRATCH!
SCRATCH!

BONJOUR SOLEIL ! UN AUTRE JOUR HEUREUX SE LÈVE, QUE TU PASSERAS EN COMPAGNIE DE TON CHATON PRÉFÉRÉ !

LE BONHEUR QU'IL M'INSPIRE EST TEL QUE JE POURRAIS VOMIR

JIM DAVIS

BURP!

5-2

VOILÀ QUI ÉTAIT IMPOLI ET GROSSIER, GARFIELD. LES CHATS SONT DES CRÉATURES RAFFINÉES QUI N'ÉRUCTENT PAS À TABLE

BRAACK!

JIM DAVIS

© 1979 PAWS, INC. All Rights Reserved.

GARFIELD, DIS-MOI CE QUE TU PENSES DE MON DERNIER POÈME

5-3

«MON COPAIN» J'AI UN COPAIN. MON COPAIN EST UN CRAPAUD. IL EST COUVERT DE BOUE. IL EST ÉCRASÉ SUR LA ROUTE MAIS IL EST MON COPAIN. ET MON COPAIN IL RESTERA JUSQU'À CE QU'ON LE RACLE ET QU'ON L'EMPORTE.

GARFIELD ?

JIM DAVIS

© 1979 PAWS, INC. All Rights Reserved.

© 1979 PAWS, INC. All Rights Reserved.

5-4

OH ! OH ! VOICI VENIR JON !

JIM DAVIS

INGRÉDIENTS : LACTOSÉRUM DÉSSÉCHÉ, CASÉINATE DE SODIUM, PROTÉINES DE SOJA ISOLÉES, CARBONATE DE CALCIUM, ACIDE PHOSPHORIQUE, PHOSPHATE DICALCIQUE, FARINE DE GLUTEN DE MAÏS, FARINE DE GERME DE BLÉ, LEVURE DÉSSÉCHÉE DE BRASSE-RIE, SEL IODÉ, BLÉ MOULU, MAÏS MOULU, FARINE DE SOJA, FARINE DE SOUS-PRODUITS DU POULET, GRAS ANIMAL CONSERVÉ AVEC DU BHA, CHLORURE DE CHOLINE, ACIDE CITRIQUE, POUDRE D'OIGNON, THIAMINE, ACIDE PARA-AMINOBENZOÏQUE, SUPPLÉMENT DE RIBOFLAVINE, BISULFITE SODIQUE DE MÉDIONE, PANTOTHÉNATE DE CALCIUM MUNCHIES CROQUETTES

NIACINE, SULFATE DE FER, SULFATE DE MAGNÉSIUM, OXYDE DE ZINC, OXYDE DE CUIVRE, CARBONATE DE COBALT MUNCHIES CROQUETTE

TU NE TE DÉBARRASSERAS PAS DE MOI AUSSI FACILEMENT !

5-13

QU'AI-JE FAIT ENCORE ?

JIM DAVIS

GÉRONIMO !

BONK !

5-20   © 1979 PAWS, INC. All Rights Reserved.

CIEL ! ODIE
S'EST BLESSÉ
À LA PATTE.
QUE FAIRE ?

ABATS-
LE !

JIM DAVIS

TU VAS DEVOIR TE METTRE À L'EXERCICE, GARFIELD, POUR PERDRE DU POIDS

© 1979 PAWS, INC. All Rights Reserved.

VOICI CE QUE NOUS ALLONS FAIRE. J'ACHÈTE UNE LAISSE ET NOUS FAISONS UNE PROMENADE CHAQUE MATIN

S'IL EN AVAIT, JE DIRAIS QU'IL ESSAIE DE FAIRE DE L'ESPRIT

5-17 JIM DAVIS

© 1979 PAWS, INC. All Rights Reserved. 5-18

BOING BOING Bc

JIM DAVIS

ENFIN ! MES PATTES TOUCHENT LE SOL DE NOUVEAU

JIM DAVIS 5-19

JE NE PRENDRAI PLUS JAMAIS DE POIDS

© 1979 PAWS, INC. All Rights Reserved.

ET SI VOUS ME CROYEZ, J'AI DES TERRAINS SUR LA LUNE À VOUS VENDRE

GRAB!

BONK!

BELLE CHUTE AMORTIE, L'AMI

N'AS-TU AUCUN RESPECT POUR LES DÉFUNTS ?

5·24

JIM DAVIS

© 1979 PAWS, INC. All Rights Reserved.

ALLÔ CARO ? QUE DIRAIS-TU D'UNE SOIRÉE CINÉMA ? OH ! BIEN SÛR, JE COMPRENDS

ELLE DIT QU'ELLE AURAIT ADORÉ M'ACCOMPAGNER AU CINÉMA CE SOIR

CLICK

JIM DAVIS

© 1979 PAWS, INC. All Rights Reserved.

MAIS ELLE DOIT RESTER CHEZ ELLE POUR S'ÉPILER LES SOURCILS

SUBTIL !

5·25

CETTE SATANÉE TONDEUSE NE FONCTIONNE PAS

LAISSE-MOI ESSAYER

© 1979 PAWS, INC. All Rights Reserved.

SI JE POUVAIS COMMERCIALISER CETTE GRIMACE, JE SERAIS VITE RICHE

BRRR!

5·26

JIM DAVIS

PTOOEY!

PTOOEY!

6-3   JIM DAVIS

PTOOEY!

À PRÉSENT, GARFIELD, ENVOIE DES LOBS ÉLEVÉS

IL N'EST QUE MIDI, GARFIELD, POURQUOI NE PAS FAIRE LA GRASSE MATINÉE ? TU MÉRITES DE TE REPOSER

HÉ GARFIELD! RIONS UN PEU. PENDANT QUE JE TIENS ODIE, DONNE-LUI DES BAFFES

PRENDS UN PEU D'EXERCICE. POURQUOI NE PAS DÉCHIRER MON FAUTEUIL PRÉFÉRÉ?

6-10

NE T'OCCUPE PAS DE JETER LES PLANTES EN POT PAR TERRE. NOUS LE FERONS POUR TOI

CRASH!   CRASH!

J'AI PRÉPARÉ DES TONNES DE LASAGNE POUR TOI, L'AMI. MANGE VITE!

POOF!

QUEL RÊVE DÉPRIMANT! J'AI CRU UN INSTANT QUE LA JOIE AVAIT DISPARU DE MA VIE

JIM DAVIS

L'ENNUI PAR TEMPS CHAUD C'EST QUE

LES GLAÇONS DISPARAISSENT VITE DES VERRES

© 1979 PAWS, INC. All Rights Reserved.

6-7

TOUCHE À CETTE TARTE ET TU ES UN CHAT MORT

© 1979 PAWS, INC. All Rights Reserved.

TOUCH

TU MARCHES TOUJOURS SUR LE FIL DU RASOIR HEIN GARFIELD?!

ZOOM!!!

6-8

MADEMOISELLE, CETTE POMME DE TERRE EST GÂTÉE

© 1979 PAWS, INC. All Rights Reserved.

VILAINE POMME DE TERRE GÂTÉE! VILAINE!

SMACK! SMACK! SMACK!

6-9

UN PEU DE DISCIPLINE ET ELLE SERA MOINS CAPRICIEUSE

ELLE PEUT DIRE ADIEU À SON POURBOIRE

DEBOUT GARFIELD! NOUS PARTONS EN CAMPING

JAMAIS DE LA VIE

© 1979 PAWS, INC. All Rights Reserved.

JIM DAVIS

DE PLUS, J'AI PRÉVU DE LA LASAGNE À TOUS LES REPAS

PUISQUE TU INSISTES, IL DOIT ENCORE SE TROUVER UN SENTIER OU DEUX QUI RESTENT INEXPLORÉS

6-11

ENFIN NOUS VOICI DANS L'IMMENSITÉ VERTE, GARFIELD

AH! LE PLEIN AIR

RIEN QUE NOUS, LE CIEL ET LES ARBRES

OÙ EST LA TERRE?

6-12

JIM DAVIS

ALORS, GARFIELD?

© 1979 PAWS, INC. All Rights Reserved.

QUE DIS-TU DU CAMPING JUSQU'À PRÉSENT?

JE NE SAIS PAS

JE NE ME SUIS JAMAIS TROUVÉ AUSSI LOIN DE MA LITIÈRE

6-13

JIM DAVIS

QUE DIRAIS-TU D'UNE COLLATION?

VOICI UN RESTE DE FOIE DE VEAU

PUAH!

6-24

C'EST DÉLICIEUX. REGARDE

M-M-M MIUM MIAM

ALLEZ, D'ACCORD

© 1979 PAWS, INC. All Rights Reserved.

ATTRAPE CETTE SOURIS!

GARFIELD, POURQUOI NE POURCHASSES-TU PAS LES SOURIS COMME LES AUTRES CHATS?

SI JON Y GOÛTE EN PREMIER, JE VAIS Y RÉFLÉCHIR

JIM DAVIS

JE T'EMMÈNE CHEZ LA VÉTÉRINAIRE POUR UN BILAN DE SANTÉ

OH NON!

6-25

MON ONCLE GEORGES EST ALLÉ CHEZ LE VÉTÉ UNE FOIS

IL EN EST REVENU AVEC TANTE GEORGETTE

JIM DAVIS

LA VÉTÉRINAIRE VOUS RECEVRA DANS UN INSTANT

6-26

À QUI LE TOUR?

JE CROIS QUE J'AI VU UN ANGE

JE CROIS QUE JE SUIS MORT

JIM DAVIS

À PROPOS, COMMENT VOUS APPELEZ-VOUS?

LIZ

QUEL JOLI PRÉNOM! EST-CE UN DIMINUTIF D'ÉLISABETH?

NON, C'EST UN DIMINUTIF DE LÉZARD

LIZ EST PEU PORTÉE SUR LE BAVARDAGE

6-27

JIM DAVIS

JE CROIS QUE NOUS ALLONS NOUS REVOIR SOUVENT, LIZ. GARFIELD EST SOUVENT MALADE. N'EST-CE PAS, GARFIELD?

JIM DAVIS

N'EST-CE PAS, GARFIELD

© 1979 PAWS, INC. All Rights Reserved.

AHEU AHEU

6-28

M. ARBUCKLE, POUR L'ESSENTIEL VOTRE CHAT EST EN BONNE SANTÉ

MAIS IL VAUT MIEUX VOUS OCCUPER DE LUI

T'ENTENDS CE QU'ELLE DIT, JON ?

6-29

IL EST TROP GRAS

BOUCHE TES OREILLES! CETTE FEMME EST UN CHARLATAN !

JIM DAVIS

© 1979 PAWS, INC. All Rights Reserved.

DITES LIZ, NOUS SOMMES-NOUS DÉJÀ CROISÉS AUPARAVANT ? DANS UNE RIZIÈRE À HONG KONG ?

6-30

ÉCOUTE, CRÉTIN ! JE VAIS SOIGNER TON CHAT MAIS JE NE SUPPORTERAI PAS TES REMARQUES STUPIDES, COMPRIS ?

EUH !

À BIENTÔT, LIZ

BONNE JOURNÉE

JIM DAVIS

© 1979 PAWS, INC. All Rights Reserved.

DE LA BOUFFE !

QU'EST-CE QUE C'EST ?

ON DIRAIT UNE SORTE DE CROISSANT BRIOCHÉ

UN VÉRITABLE GOURMET NE REFUSE JAMAIS DE GOÛTER À UNE NOUVEAUTÉ

(SLURP) UN PEU SEC MAIS DÉLECTABLE

GARFIELD, AS-TU VU DES CHAUS-SETTES DE GYM ?

JIM DAVIS   7-8

GARFIELD, ALLONS CHEZ LA VÉTÉRINAIRE

© 1979 PAWS, INC. All Rights Reserved.

7-23

ELLE EST SUPER MIGNONNE

POURQUOI DOIS-JE ALLER CHEZ LE MÉDECIN CHAQUE FOIS QU'IL A DES BOUFFÉES DE CHALEUR ?

JIM DAVIS

ALORS LIZ, À QUAND CE RENDEZ-VOUS GALANT ?

JE PRÉFÈRE MOURIR

JIM DAVIS

N'EN FAITES RIEN

© 1979 PAWS, INC. All Rights Reserved.

RIEN N'ÉGALE UNE REMARQUE BIEN ENVOYÉE POUR SAUVER LA FACE

7-24

À QUAND UN RENDEZ-VOUS GALANT, MA MIGNONNE ?

JIM DAVIS

© 1979 PAWS, INC. All Rights Reserved.

APPELEZ-MOI DOCTEUR

7-25

D'ACCORD ! À QUAND UN RENDEZ-VOUS, MIGNONNE DOCTEUR ?

8-5

LES COPAINS, QUE DIRIEZ-VOUS SI JE CHANGEAIS DE CHAÎNE ?

NON GRR PFT

JIM DAVIS

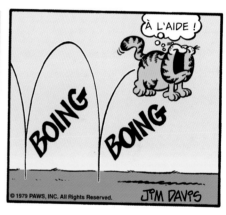

L'HISTOIRE DES CHATS SELON GARFIELD : LE PREMIER CHAT A RAMPÉ HORS DE LA MER VOILÀ DIX MILLIONS D'ANNÉES

8-6

HEUREUSEMENT POUR LUI

IL N'EUT QU'À PATIENTER QU'UN QUART D'HEURE AVANT QUE LA PREMIÈRE SOURIS NE RAMPE SUR LE RIVAGE À SON TOUR

JIM DAVIS

L'HISTOIRE DES CHATS SELON GARFIELD : LE PREMIER CHAT FUT DOMESTIQUÉ VOILÀ PRÈS D'UN MILLION D'ANNÉES. LE CHAT (PRÉNOMMÉ ORG) APPARTENAIT À UN HOMME DES CAVERNES PRÉNOMMÉ CHUCK

8-7

SI LA LÉGENDE VEUT QUE ORG AIT BOUFFÉ SON PROPRIÉTAIRE

LES HISTORIENS AFFIRMENT QUE CHUCK FUT BOUFFÉ PAR LE CHIEN DE LA FAMILLE

JIM DAVIS

L'HISTOIRE DES CHATS SELON GARFIELD : AU COURS DU MOYEN ÂGE, LE LÉGENDAIRE RATIER POMPON-CROCS-D'ACIERS DÉTRUISIT TOUS LES RATS SAUF UN SEUL

SQUEAK!

JIM DAVIS

POMPON-CROCS-D'ACIERS TROUVA SON WATERLOO EN LA PERSONNE DU TOUT AUSSI LÉGENDAIRE MOMO-LE-RAT

DRIBBLE DRIBBLE DRIBBLE

PAR AILLEURS, ON DOIT À MOM-LE-RAT LA LOCUTION : « MINOU, MONOU, ICI MINOU »

8-8

L'HISTOIRE DES CHATS SELON GARFIELD : MARCO POLO AVAIT UN CHAT QUI S'APPELAIT ROLO

ROLO AURAIT ACCOMPAGNÉ MARCO EN ORIENT

MAIS ON N'ACCEPTAIT PAS LES CHATS DANS LES MOTELS

WAH!

L'HISTOIRE DES CHATS SELON GARFIELD : UN CHAT DÉCOUVRIT L'AMÉRIQUE !

CE FUT OHIO, LE CHAT DE CHRISTOPHE COLOMB, QUI LE PREMIER, APERÇUT LE RIVAGE

EN FAIT, PARCE QU'IL N'Y AVAIT PAS DE LITIÈRE À BORD DU SANTA MARIA

L'HISTOIRE DES CHATS SELON GARFIELD : L'HABITUDE QU'ONT LES CHATS D'AIGUISER LEURS GRIFFES A TENU UN RÔLE À PLUSIEURS OCCASIONS DANS L'HISTOIRE. À L'ÉPOQUE VICTORIENNE, ON FAISAIT APPEL À EUX POUR PATINER LES MEUBLES PENDANT LA GUERRE HISPANO-AMÉRICAINE, ON LEUR CONFIAIT LES INTERROGATOIRES

RRRRRRR

PENDANT LA GUERRE HISPANO-AMÉRICAINE, ON LEUR CONFIAIT LES INTERROGATOIRES

JE DIRAI TOUT ! JE DIRAI TOUT !

ET AUJOURD'HUI, LA POSTE LES EMPLOIE POUR TRIER LES COLIS FRAGILES